PAS UN JOUR SANS UNE LIGNE

DU MÊME AUTEUR

Déjà parus :

Salines (poésie), P.J. Oswald.

La Cuisine d'Arnold Wesker (traduction), Gallimard.

Soupe de poulet à l'orge d'Arnold Wesker (traduction), Gallimard.

Racines d'Arnold Wesker (traduction), Gallimard.

Je parle de Jérusalem d'Arnold Wesker (traduction), Gallimard.

Menace d'Arnold Wesker (dramatique télévisée, traduction), ORTF.

Portrait de l'artiste au nez rouge, Balland/Egée.

Le Capitaine Fracasse, Théophile Gautier (adaptation), 1966. © Théâtre du soleil.

Le Songe d'une nuit d'été, William Shakespeare (adaptation), 1968. © Théâtre du soleil.

A paraître :

Clinique de la raison close, Les Belles Lettres.

Ange Philippe Léotard Tomasi

PAS
UN JOUR
SANS
UNE LIGNE

LES BELLES LETTRES

1992

ISBN : 2-251-44002-X

Nulla dies sine linea.

Horace

Si je me suis trompé, en disant : je t'aime, je préfère avoir dit : je t'aime.

On ne me fera pas envier celui qui a eu raison sans aimer.

28 août 1992

Je n'observe pas le genre humain. Non, je ne suis pas du genre à observer l'Humain. Je crois que j'en sais un bon bout sur le style : « Genre Humain ».

C'est toujours approximatif, son degré d'humanité, à un Genre Humain ; très vague, flou dans ses idées, ses Grandes Idées Générales. Dans ses actes, en revanche, c'est plutôt précis, ponctuel, organisé. Si un Humain se trouve être du genre à proclamer, par exemple : « aimez-vous les uns les autres », ou : « tu aimeras ton prochain comme toi-même », les autres Humains du même genre s'empressent d'ajouter : « tu ne tueras point ». L'histoire du Genre Humain prouve qu'il n'était pas inutile de le préciser.

Sans que j'aie besoin d'observation ni d'étude, le Genre Humain, moi, il me frappe de ses traits de caractère. Depuis le ventre à Maman que j'en fais partie, du Genre Humain, il me casse les couilles, le Genre Humain, il me les met graves, hirsutes, violacées, tordues, il me les remonte au maxillaire, comme un collier de moules, il me saute à la gorge, me gicle aux yeux, me tord aux oreilles, me cogne à la tête, le genre humain !

Moi, ardent, turgescent, inflammatoire, moi qui n'aime que le clinquant de la vie, l'érection à tous degrés, voilà que je débande, ladies and gentlemen ! J'en suis à l'étreinte molle ! Parfaitement ! Rien à l'horizon qui puisse me donner envie de frotter ma queue au Genre Humain !

Et, aujourd'hui, c'est, à chaque fois, un peu plus pire qu'hier.

J'ai que la poésie, comme passion.

J'écris, oui. Mais comment doit-on dire, maintenant, en français : un jour néfaste, ou une journée faste ?

Merde !

Tout le passionnel est réel.

Tout le réel est rationné.

Sale journée !

Après le pain...

Celui qui mange,
S'il ne donne qu'à manger
A celui qui a faim,
Il est comparable à un porc.

Celui qui sait,
S'il refuse le savoir
A celui qui n'a plus faim,
C'est qu'il est devenu un singe malfaisant.

Celui qui n'a plus faim,
S'il ne veut pas savoir,
Il est déjà une bête immonde.

Cocaïne

I

La fatigue est plus lente.
Caroline encore,
Massée sur l'insomnie,
Songe avec emphase
A l'insondable.

Je m'agrippe au désir,
J'essaie d'éterniser
La concentration de rêve
Qui lutte contre mes paupières.

Ce ne sont pas elles, pourtant,
Qui tant engagent à la traîtrise
Mes horloges, mes yeux,
Mes avaries, ma nuit.

II

Les plus belles mouettes
Qu'on puisse dessiner,
C'est avec une carte à jouer,
Ou de crédit,
De téléphone ou de visite,
Un tranchant de vignette,
Une lame Gillette,
Dans une belle poudre blanche,
Comme neige,
Ou de Castille,
Si légère,
Qu'une paille, d'un souffle la fait s'envoler,
Et qui brille,
Comme cristaux d'alcaloïde,
Extrait de probités candides,
Ou de lin blanc,

Sur une surface polite,
Quand demain c'est dimanche,
Et qu'on vous invite
Dans une avalanche.

III

Un homme tarde à venir.
Quelqu'un, on ne dit pas son nom,
Approche de trop loin,
Lentement, me laisse souffrir.

Dis-leur que j'ai plus rien.

Un homme n'est pas ici,
Mais je crois qu'il vient,
Qu'il tend déjà la main.
J'ouvre la mienne en vain.

Dis-leur que j'ai plus rien.

Un homme m'a fait du bien,
Mais il est parti sans rien dire,
Sans promettre de revenir,
Et c'est déjà trop le matin.

Dis-leur que j'ai plus rien.

Le bonheur, c'est mieux que la vie,
Le bonheur, c'est la vie meilleure.
La vie passe, et sans envie,
Il est déjà plus tard que l'heure.

Dis-leur que je survis.

Plus l'homme cultive les arts, moins il bande.

Charles Baudelaire

« Une nuit d'amour : un livre de moins. »

Nous voilà bien, cher Honoré !

Sans compter que si l'on remplace l'amour de nuit par l'alcaloïde du grain de café, la triche revient au même, ce dont témoigne, tôt ou tard, le gonflement du cœur, que les médecins appellent, par snobisme : « hypertrophie cardiaque », et dont vous mourûtes, cher Honoré, au retour de votre amoureux voyage de Pologne.

Il est étrange et vrai que la fatigue « physique » frappe au cœur l'homme assis.

C'est l'émotion, qui, à la longue, est mortelle.

Le sport conserve, disent ceux qui n'ont rien à dire, même le sport amoureux... ! Mais la décharge intérieure, en tous cas, épuise plus que tous les coïts...

Les images pètent dans ma tête, comme des veines dans mon cœur, mes poumons, mon ventre, partout.

La queue n'est qu'une sorte de vase d'expansion, un trop-plein. Non, pas un trop-plein, pas une gouttière, plutôt un appareil de sismographie, solidaire, vibrant, oscillant à l'unisson de mes tremblements, mes explosions, affolé à la moindre faille, infaillible témoin de mes fissures...

Laudate Mariam

J'étais Don Juan, j'avais 7 ans

(Souvenir)

Marie était la plus jolie.
Elle avait le nez droit,
Elle était blonde et grande,
Les yeux en amande, bleus,
Bleus comme le ciel grec au-dessus de la mer,
Bleus comme quand on rêve,
Comme autour des étoiles
Qui brûlent dans les yeux,
Quand on se les enfonce avec les poings,
Pour s'illuminer jusqu'au ventre,
Jusqu'à laisser tourner,
S'emballer la tête,
Au point qu'on en tombe à genoux.

L'été, elle restait dans l'ombre parfumée,
Fraîche et fière,
Tout entourée de fleurs,
Toujours droite, et debout dans sa robe légère,
Qui était, sur son corps, comme à peine une peau,
Transparente...
Comme sortie de l'eau de la mer, en vacances.

Au moment de la sieste, je restais près d'elle,
A caresser ses hanches,
Et quand je l'embrassais, elle ne disait rien.
Elle était comme offerte à mon désir, ma fièvre,
Ma ferveur, ma sueur qu'elle rafraîchissait.

Et quand j'avais longtemps baisé, léché ses lèvres,
Je me blottissais, humble, au creux de ses genoux.

Tout était si doux ! Elle était si belle !
Rien n'aurait pu m'arracher d'elle.
Même pas l'enfant qu'elle avait dans ses bras.

J'ai toujours commencé à aimer, en cachette.
En cachette de moi.
Ce que j'exhibe sort de moi, inévitablement suspect ; immédiatement, et pour longtemps, énigmatique. Je ne m'y retrouve plus.

Du coup, je complique tout, et il faut toujours s'expliquer.
Je n'ai ni estime ni confiance dans la parole écrite, dont aucun visage ne répond.

Je n'ai que ma bouche, pour masquer ma voix. Et elle se tord en convulsions, pour lâcher le grotesque.
Elle tire ma langue, pousse mon nez lumineux, le met en avant, pour qu'il n'ait pas l'idée de se retourner, que je ne le voie pas me regarder les yeux ; elle ne se contrôle pas, la plupart du temps. J'ai peur qu'elle succombe à un cri, une grimace, une surprise.

J'ai peur, aussi, que, poussée à s'enfler, elle se distende, n'articule plus que l'indicible, et me laisse seulement le goût de métal de l'eau des torrents, ou celui de rouille des fleuves saturés.

J'en suis donc là : à me parler, par écrit, de ma voix... ! Elle n'a, jusqu'ici, porté pourtant que peu de poids. Elle s'est rarement trouvée chargée de timbre. Elle a seulement cette allure de râpe et de scie, dont il faut tenir bon compte, et aussi les registres communs du mensonge. Mais si je la rends docile à mon geste, elle peut s'atteler à tous les messages, longtemps, loin, profondément, au point de faire, ailleurs, jaillir des larmes ! Celui qui la reçoit sans l'accueillir, elle peut marquer son visage, tordre son dos, mordre ses doigts, le chasser encore plus loin ailleurs...

Dans certains cas, il n'y a pas de remède.

Mais si ses armes venaient à défaillir ! Si mon cœur, sans dessein, l'usait ? Qui reculerait, alors, jusqu'à ma défense ? Je n'ai ni intelligence, ni force, ni fortune, ni trois vaisseaux dessus la mer jolie... Alors, qui ? Qui viendrait, aux bords où nul ne l'appelle, mettre en force mes yeux, surchauffer mon sang, hisser pavillon à mes oreilles, et m'en apprendre assez pour gouverner, maintenir, dans l'harmonie, les alliances passées, les pertes, les contrats de main à plume, d'esprit à main... Qui protégerait ma fuite, de son haut savoir ?

Pendant que le vent souffle, large, au lointain, dans les joues des navires...

État des Vieux

Il faut toujours faire
Un autre inventaire,
Tralalalanlaire !
Nous dirait Prévert.

Il y a par exemple,
Les tics polis
Des putes et des hommes
Très larges d'idées,
Ce qui n'est jamais
Une qualité
Pour un con.
Il y a l'anglais,
Mieux que le français,
Gode au lieu de Dieu,
Little bite
Petite pine,
Comme un tueur serbe,

Un Hitler de rien,
Des rats qui portent
L'eunuque ONU,
L'hexagone agonisant,
D'un mot mis Président,
Ses cons et ses frères,
Ses pets et ses dés,
Qui vont et qui voquent,
Font la peau plus lisse
Que l'arme des gens.
Des jeux nés de lois,
Des prix
Des prisons.

Il y a encore
Le talent du corps,
De plus en plus fort,
Des muscles en prière,
La tête derrière,
Du cul, de la cuisse,
Des qui comme Ulysse,
Des cons qui,
Des toisons,
Des Africains blonds,
Des mots crassieux,
Des repus obliques,
Des salocialistes,
Des génies cocus,
Tellement qu'ils sont cons,

Qui parlent et qui mentent,
Dans des Commissions
Pleines de caca,
Qui rampent complices,
Pour avoir leurs rentes,
Et qui font remplir,
Par leurs sbires,
Pour être tranquilles,
Dans toutes les villes,
Les prisons.

Il y a aussi,
Tôt dit et fait tard,
Des faits et des fesses
Replètes qui pètent,
Les habits du temps,
Les sapes pour la peur,
Les ponts pour les pieds,
Avides de gnons,
De bons gendarmes,
Et d'Auvergne,
Où l'on pique, hardi,
Le double du gras,
Pour le même prix.

Et aussi :
Un maton surpris.

Brave Blue World

Et si la Nature était bleue,
Et les forêts faites de ciel,
Sur les plages de l'horizon,
On aurait toujours les yeux
Remplis de lointains et de Vosges,
De Voix lactées, d'étoiles bées,
Sous nos paupières closes,
Et d'autres dieux, d'autres démons,
Professionnellement profonds,
Comme la gorge d'un Mystère,
Et des Barbares vieux,
Et des Don Juan veufs,
Pourquoi pas : des tabliers neufs,
Pour étudiantes militaires,
Aux joues de flamme,
Au cul de feu,
Aux airs de baptême,
Fuyant les matins blêmes,

Les onctions extrêmes,
N'aimant des mots que les poèmes,
De la vie, que le bleu
De son Jeu...

Et si la Nature était noire,
Comme une orange sans espoir,
Sans Gagarine,
Sans Eluard...

Empires

Je revois Gengis Khan,
Figé devant Venise ;
Attila, séduit,
Fuyant Paris.

J'entends deux ouragans,
Épargnant deux naufrages.

Septième sceau

Les sept putains de ma peau me veillent, me vident.
On ne me verra pas descendre, furieux,
Les sept marches qui mènent au bourreau, à la hache,
Aux ciseaux amusés par le nœud et le fil
Qui conduit où l'on sombre, où l'on tombe dans
[l'ombre
Des sept nuits de l'amour, des sept nuits de l'oubli.

Je danse.

J'ai rêvé de baiser les vaisseaux des naufrages,
Désiré les sept ciels, et les sept galaxies,
Les sept mers océanes, les sept Mères du Monde,
Les sept Vierges du Temple, au pied des sept piliers
De l'ombrageuse Mort, qu'on appelle Sagesse,
Que j'appelle sommeil, que j'appelle paresse.
Sept fois, j'ai parlé nu à la froide Maîtresse,
J'ai violé les sept ciels et les sept galaxies.

J'ai envie de baiser les putains de mon âme,
Et que soient déchaînés les tocsins de mon cœur,
Le son sourd de l'amour, au milieu des serpents.
J'ai envie d'écouter sept fois les sept prières,
Que la Terre accomplisse la septième absence,
Et qu'il se fasse dans le ciel un long silence...
Jusqu'à ce que l'Agneau ouvre le septième sceau.

Nulla dies...

Je n'ai pas envie d'écrire. Voilà !

Je fais les gestes, oui. N'importe qui pourrait dire, là, en me regardant, que je suis en train d'écrire, c'est sûr ! Et personne, autour de moi, ne doute que cette action soit volontaire. On n'écrit pas, comme ça, sans y être fermement résolu, sans une dévotion tenace à l'Œuvre en cours. Nul ne peut supposer, a priori, que je m'adonne à ce luxe, à cette occupation, contre mon gré ! Surtout quand on me voit, le reste de mon temps, soumis, comme tout un chacun, à mille odieuses contraintes !

Et je m'attends toujours à la question : « Vous êtes obligé ? »

Non. Qui me forcerait ?
Si j'étais contraint et forcé, on verrait le Maître et la Règle.

D'ailleurs, je m'arrête à chaque instant.

Heureusement, il y a l'Imparfait, ce mode majestueux, dont l'indulgence est sans limite.
Et la Poésie, qui permet de terroriser.

Travaux pratiques

Un
Poème
Que l'on aime,
Ça ne va pas
Toujours comme ça !
Aussi facilement
Qu'on le croit en le lisant.
On s'aperçoit, quand on le fait,
Qu'il ne sera jamais si parfait,
Qu'on puisse écrire, ensuite, le mot « fin ».
Celui-ci, par exemple, commence en : un ;
Il en faut un en fin de cet alexandrin.

Un

« Tiens ! »
Vaut
Mieux
Que
Deux
Tu
L'eus !
Tu
Tu
Chat
Pot
Point
Tue.

Deux

A deux
On peut,
On veut,
On croit
Déjà
Y aller,
Baiser,
Bécher,
Bonchit,
Bonjoint,
Non, mais !
Enfin !
Drogué !
Putain !
Coolique !
Saljeune !

Trois

Quant à trois,
Le sait-on ?
Être trois
Ce n'est pas
Toujours con !
Sans parler
Du cheval
D'la guerre à
Gammemnon,
Deux filles à
La maison ;
C'est là qu'on
A le choix !
Le plus heu-
Reux des trois ?
Encore moi !

Quatre

Et quatre à quatre
Égalité
Déjà trouvée
Du deux à deux
Mais plus nombreux
On peut se battre
Et on tuera
Tous les affreux !

Les quatre sont
Toujours en bande
Ce sont Méfu
Tarbouif, Zézette
Et Perniflard.
Ils se désœuvrent
Ils se compliquent
Se téléphonent
Baisent la bonne...

Et la marquise...

Cinq

... Sortit à cinq heures,
Sûre du bonheur
Qu'allait lui donner
Son beau cavalier,
Un homme à queue sûre,
Sergent à Saumur,
Au bord de la Loire.

On connaît l'histoire :
Les crues, les noyés,
La terre effondrée,
L'honneur exemplaire
De tout militaire :
D'abord à sauver
Les enfants les mères !
Tous se dévouèrent !

Finie l'heure exquise !
Cinq heures, et voilà
La dernière fois
Qu'on vit la marquise.

Six

Pour ne pas dire six,
C'est entre cinq et sept
Que l'amour a du prix.

On ne sait ce que cette
Femme a de moins vilain
Que celle du matin,
De la nuit ou du soir...
Caresse-t-on l'espoir
Que l'amour soit le fauve
Qu'on touche sans danger,
Ou qu'on vole à l'alcôve
L'interdit du baiser,
Qu'on ne jouit qu'à la trêve
De la guerre des rêves ?

Dans l'exil du danger,
On n'aime qu'à côté.
Jamais amour toujours !
Nuit vide du plein jour.

Sept

C'était aussi cet imper,
Qui lui donnait l'air ascète,
Le soir au bord de la mer,
Quand il fermait les volets
Grillagés de la guinguette,
Où il reviendrait demain,
Guetter, par appât du gain.

Huit

Ne pas gêner la fermeture.
Ne pas corrompre l'interdit.

Quand on entend le mot « Culture »,
Vite : chercher un mouche-nez !
C'est qu'on va vomir ou pleurer !
Le cul gouverne, et la ture lutte
Contre l'envie de s'emmerder.

Neuf

Loup, qui es-tu ? — « Le roi des moutons ! »
Loup, que fais-tu ? — « Eh bien ! Je les tonds ! »

Loup, qu'entends-tu ? — « La leçon des cons ! »
Loup, que vois-tu ? — « Payer les cochons ! »

Loup, que sens-tu ? — « L'odeur du pognon ! »
Loup, où vas-tu ? — « Au Palais Bourbon ! »

Dix

Pour les dix pieds, il faut se référi
Au poète, Monsieur Paul Valéry ;
C'est lui qui les a le plus mieux écrits.

Et puis, c'est même pas moi qui l'ai dit !
Tous les vers dix qui sont irréfutables
Sont pas pour nous qui mordons sur la fable...

Le chant se rêve, défaut de tant de livres.

Onze

On s'est interdit de fumer ou cracher.

Douze

Le train ne peut partir que les portes fermées.

S.N.C.F.

A Louis Aragon

Front rouge,
Magnitogorsk quatre-vingt-douze...

Le petit cheval comprend très bien !
Tous ces bras résignés,
Croisés derrière les poitrines !
Et ces poings, brandis sur le cœur !
Ce pouvoir sans Soviets,
Sans électricité !
L'Armée rouge de rouille !
Et le travail qui n'est pas fait,
Qui devait créer, pour ma course,
Un paradis dans cette plaine !
Oh ! ma plaine ! Oh ! ma pauvre plaine,
Où l'on a tué le galop !

Qu'est-ce que ça voulait dire, alors :
URSS, CCCP, USSR ?

Ils ont dû trouver ça trop beau,
Ou trop haut,
Maintenant qu'ils ne sont plus
Le même homme qu'avant,
Avec leurs nouvelles épaules voûtées...

Le petit cheval comprend tout ;
Il se dit :
« Cette fois, au moins,
Descendez les traîtres, camarades ;
Et la honte,
Fronts rouges ! »

Si les femmes portaient l'épée

Beaux et grands animaux, dans le cuir et la soie,
Qui descendez nos rues, qui remontez nos rêves,
Et martelez nos cœurs de vos talons aigus,
Laissant sombrer dans le sillage de vos seins
Cet inutile espoir qu'on appelle l'amour,
Ayez au moins, aux yeux, quelque couleur cruelle,
Quelque reflet hautain, tranchant, victorieux,
Comme une épée jaillie de la cuisse d'un dieu.

Éros énergumène...

Paul Valéry, *Mon Faust*

I

Ma queue tendant vers toi, trouve ton ciel si haut,
Qu'elle te veut modèle en son admiration,
Mais avant d'entreprendre une telle ascension,
On doit l'encourager... du geste, s'il le faut !

II

Il est vrai que, lorsque vous vous penchez pour boire,
Moi, je me hisse, et nous nous tétons de la tête,
Mais si je juge assez de vos bonnes victoires,
Si vous ne vous cambrez, j'ignorerai ma gloire.

Et, pour pouvoir juger des grâces que vous faites,
Sans me perdre, bien sûr, levez un peu la tête.

III

L'été, c'est à genoux que je me sens le mieux,
Dans la salle de bains, sur le frais carrelage,
Quand, face à ton miroir, tu fais ton maquillage,
Et que de lingerie je deviens curieux.

Solo sub nocte

Cette nuit, comme toutes les nuits,
Je terrorise mon envie
De n'avoir pour scène
Que ton lit,
Et d'y être, sans bruit,
La part obscène de ta vie,
Le vieil enfant, l'aveugle archer, le gardien nu,
Des fleurs noires de ton jardin.

Parthenôn

Jeune fille, ne partez pas!
Bien sûr, ce serait grotesque,
Pour ne pas parler plus cru!
Votre pose nue!
Et vos jambes acropolesques,
Qui portent le mystère,
Et le vide du Temple,
Consacré aux feux olympiens,
Que protège de ses plis amples,
Le prétexte de votre robe.

Mais il y a aussi,
La Parole ailée,
La voix que vous soufflez,
De cité en cité,
Pour des jeunes gens bouclés,
Au nez et au membre droit
Qui volent votre bouche,

Et se taisent d'émoi.

Il y a surtout
Votre silence,
Quand il sait tout ;
Et le cœur de la pierre qui bat,
Et le sang de la pierre qui bout,
Et sous la main du feu,
Sous le regard du fou,
L'eau à vos yeux,
La pourpre à vos joues.

Mare nostrum

Par manque d'amour, j'ai usé ton corps.
Les voiliers sont partis, le sable dort encore,
Et la maison éteinte ne répond plus. Un ciel
D'ailleurs est venu, blanc, sourd au milieu des plaintes
Du vent, que nous faisions pour échanger de loin,
Nos cris d'amour de prisonniers, nos grands mots vains.

Je ne regarde plus la mer, je suis le sel.
Sèche-toi encore un peu sur mes mains qui tremblent.

Omne animal...

Tout animal est, paraît-il,
« Post coïtum triste »... !

C'est du latin, et ça veut dire
Qu'il faut pas s'étonner,
Vu qu'on est fabriqué pareil que les grosses bêtes,
Si tous les hommes,
Flippent un maximum,
Après le coïtum !

On a, pendant longtemps,
Suggéré d'interrompre
Le coïtum de l'homme,
Pour lui éviter la tristesse,
Voire la détresse, le marasme,
Quand il s'affaisse après l'orgasme,
Dans les spasmes.

Mais l'homme et les temps ont changé;
Et, de cuisse en tam-tam,
De trique en trou-madame,
De case en wigwam,
Il faut que la squaw se pâme,
Et que, dans l'amalgame,
Il importe à la flamme,
Du coïtum de l'homme,
Monogame ou polygame,
De chauffer à son optimum
Le frigidarium de sa femme,
Cryptogame!

De toute façon, il faut attendre,
Avant d'être triste.

Valse

Madame, on rêve seul,
On a dû vous le dire ;
Et puis, l'on rêve trop.
Cela on vous l'apprit,
A vos dépens, sans doute,
Ou à votre profit...
Et que ferions-nous d'autre ?
On rêve, et l'on est seul !

Madame, on rêve tard,
Quand on a la malchance,
De manquer de hasard,
Ou bien de providence ;
D'être désaffecté,
Comme un mort inutile ;
D'être désamouré,
Comme un cœur imbécile.

Madame, on rêve bien
Quand on a bien baisé,
Quand on a su coller
Deux bouches à notre faim,
Deux fois deux bras étreints,
Deux fois deux yeux noyés
Dans ce rêve commun
Qu'on appelle : s'aimer.

Madame, on baise trop
Quand on a dans les reins
Cet impérieux démon
Qui ne vient jamais tard,
Qui ne part jamais tôt.
Madame, on baise tant,
Qu'on a tort et travers,
Quand on a vos yeux verts,
Et qu'on le sait autant.

Ministère

J'ai acheté de l'encre grise,
Pour te décrire mes pensées,
Sur du papier à tête de ministre,
Volé,
Dans un couloir de l'Assemblée.

Tu es si loin, je suis si triste !
Le premier, mon cœur va tomber !
Et pour être moins sinistre,
Avec lui, tout va s'en aller :
Mes couilles bleues, ma bite bistre,
Mon nez d'animal aimé...

C'est douloureux d'être un artiste,
Dans un couloir de l'Assemblée.

La première

Souviens-toi, je savais seulement te sourire,
Et ne suivais ma soif que le long de tes dents.

Souviens-toi, tu tenais ma bouche avec ta voix,
Et, de loin, tes cheveux soufflaient sur mon visage.

Souviens-toi, au balcon tu pendais ta chemise,
Pour me montrer ton cœur, derrière les volets.

Et tes cuisses, le soir, écartées sous les arbres,
Et tes seins haut dressés, et tes bras sinueux,

Et ce poème lu dans le soir de tes yeux,
Et ces grappes mordues, à l'ombre des amandes...

Écho des Grandes Lignes

Un soir, j'ai pris un train sans vous.
J'ai marché sur un quai,
Sans aucun d'entre tous,
Sans agiter de mains,
Sans rire comme fait rire
« L'adieu suprême des mouchoirs ».

Et moi aussi, j'ai préféré,
J'ai choisi de ne pas me voir.

Je ne regardais que mes pieds,
Qui titubaient par habitude,
Et aussi à cause du train,
Qui s'en allait, qui démarrait,
Doucement, puis par secousses,
Comme on se met à pleurer.

Τά ζῶα τρεκεί
Les animaux courent

On croit qu'on est heureux, on n'est qu'immobile.

Jean Cocteau

Je cours lentement,
Loin du son du jour,
Suivant, les yeux fermés,
Un chant d'amour.
Je cours, je tends les bras vers toi,
Vers la mémoire interne de mes gestes,
Qui n'ont de souvenir
Que mon désir,
Et, pour seule passion,
Mon obsession.

Sud

à Manuela

Dans ma Patagonie,
Malade,
Lentement,
Je parcours chaque chambre,
Comme après toi.

Ce n'est pas de froid,
Ni d'effroi, que je tremble :
Je contemple le désarroi.

Sans arrêt, l'absence m'efface.
Je veille, et surveille
Tes traces à travers la tristesse,
Saccadé comme un tic du cœur.
Je scrute le son et l'image,

Comme un voyageur incertain,
Parti, sans espérance,
A la découverte de l'insoluble.

De coma en délire,
De lit en aiguille,
Je me suis déposé,
Je suis devenu lourd,
Et mon poids ne me lâche plus.

Le parasite de ma vie
Est sur sa proie.

Dans la Patagonie,
Sans toi,
J'arpente un sexe de femme infini.

Nigra, sed formosa

Horace

Mon oiselle, ma Désirade,
Mon beau bateau de Barbarie,
Quand il vente, et que tu souris
Des yeux, sur ta mélancolie,
Sur tes défis, tes bravades;
Quand tu souffles, tout bas,
Tout ce bleu sur l'ennui,
Tout ce rouge à la nuit,
Et ces voiles de brume, à la proue du désir,
Victorieuse et drapée,
Comme une Samothrace;
Ma déesse jaillie, ma maîtresse océane,
Ma guerre, ma calamité,
Ma Calypso, ma Circé,
Ma Sirène, mon cœur volé,
Ma catin vierge, ma squaw pâle,

Mes mille et mille et un matins,
Ma vestale, mon Hérodiade,
Ma geisha, mon gai chagrin...
... sans fin...

Alors...

Mon amour infini, mon amour torride,
Débarrasse-toi, de moi,
D'Elle et du temps,
Va te coucher au loin,
Mon amour inestimable
Sidérant, sidurable,
Mon amour d'elle et c'est tout,
Ne va pas encombrer la table,
Le cahier où Elle écrit tout ;
Ne fais pas le fou !
Fais l'ivre !
Fais le volume,
Le dictionnaire,
De mes nuits de prière.

Tu quoque...

Au fond, dans le jardin, il y a une fille,
Qui ne jouera jamais avec d'autres enfants.
D'ailleurs, elle est plus grande, et rien de ce qui brille
Ne passe dans ses yeux. Ses mains sont si tranquilles
Que les choses l'oublient. Il n'y a pas de vent,
De pluie, ni de soleil qui touche ses cheveux.
Rien d'elle n'est à vendre; nul ne se chauffe à son feu.

Pourtant sa robe est douce autour de ses genoux;
Pourtant, très tard, souvent, quand la nuit me fait
[taire,
Elle détend mon front, apaise mes épaules
D'un mot silencieux comme un secret reçu,
Comme on entend de loin l'écho qui parle en soi,
Comme on se tait à deux, comme elle, comme moi.

Autre barbare

Je suis Arnaud, qui
amasse la brise...

Arnaud Daniel

Je souffle comme un sourd,
A m'en péter les sangs;
La peine à mes veines,
La sueur du laurier au sein de mon front;
Pendu comme un sonneur,
Au petit hasard la cloche,
Dans le bourdon du barbare inlassable,
Qui ne compte jamais au profit du temps,
Ne gagne qu'à la volée,
N'amasse que le vent.

Et je suis comme Arnaud qui chasse le silence,
Épouse l'absence,
Mange le rire,
Et règne sans patience.

Sycophantes

Dites-donc, vous, les chetrons prototypes,
Les mal amalgamés du mou,
Les grises matières des tasses,
Les pots de pus, les polypes,
Les rats, les raidis, les radasses,
Les groins, les grognons, les grognasses,
Péteux, pétomanes, pétasses,
Ratatinés, matons ratés,
Casse-couilles, casse-conasses,
Bouffis, bavant du gland,
Glougloutant des roustons,
Trous du cul à virgule,
Verges d'hiver, foutres de canicule,
Liquéfiés de la moelle après treize coïts,
Tous conchiés,
Gluants comme des merdes chaudes,
Voyez,
Vous qui parlez en fraude,
Comme je vous réponds.

Proverbe

Qui ne dit mot, consent
Qui ne dit non, se sent con
Qui ne maudit, simule
Qui ne dit mot, ment
Et en passera un mauvais.

Zen

Mon souffle est dans sa cage vide,
Aux barreaux élastiques.
Il vole à l'air sa brûlure,
Il exporte mes cris d'incendie.

L'infini ne comprend rien.

Messages oubliés,
Terres promises,
Mathématique inépuisable...
Nous ne sommes compris que de ce qui s'ignore.

Sourd, aveugle, et muet,
Je bande l'arc et le ventre;
Je ne t'atteindrai jamais.

La cible n'attend pas la flèche;
La mort atteint l'archer.

Exemple

Un soir, c'est vrai, ce fut étrange et pénétrant,
Comme un stable trésor, dans l'Orient désert,
Comme un jeune éléphant descendant vers Harfleur,
Un soir de demi-brume où les voiliers des Hanses,
Polis comme de l'ambre, en l'oubli du blasphème,
S'enfuyaient comme Loths de Sodome et Gomorrhe,
Avant que la Raison, s'expliquant par la voix,
Eût, à coups de cognée, à peu près fait le monde,
Vous m'êtes, en dormant, un peu triste apparu.

Tout avait la couleur uniforme du givre,
Le reflux emportait ce que le flux apporte,
La voix d'un peuple entier inondait les portiques,
Où d'ineffables vents, enfin, tentaient de vivre,
Comme un vol de gerfauts monte dans l'air du soir.

... etc.

(Publicité)

En l'absence de M. J.-E. Hallier, *La Closerie des lilas* est un paradis.

By Jove !

« Au nom de la loi »,
ou « par Hercule »,
Je t'encule ;
« Au nom de mon droit »,
Ou « par Jéhovah »,
Je te bats ;
« Au nom de l'amour »,
Ou « par Vénus »,
Je t'abuse ;
« Au nom de ma bite »,
Ou « par Aphrodite »,
Je te quitte ;
« Au nom du commerce »,
Ou « par Hermès »,
Je te baise ;
« Au nom du Christ »,
Ou « par Jésus »,
Je te tue ;

« Au nom du Père »,
Ou « par Jupiter »,
Je t'enterre ;
« En vertu de quoi »,
On peut continuer :
Il suffit d'invoquer.

Panthéon

A père avare, fils prodigue,
A père prodigue, fils perdu,
A père perdu, fils gagnant,
A père gagnant, fils connu,
A père connu, fils chanceux,
A père chanceux, fils maudit,
A père maudit, fils injuste,
A père injuste, fils de justice,
A père de Justice, fils d'embrouille,
A fils d'embrouille, père de couille,
A père de couilles, tête de nœud,
A tête de nœud, tronche de con,
A tronche de con, face de rat,
A face de rat, race de morts,
A race de morts, narvalos...

Oh ! et puis ça suffit !
C'est tout ce que je voulais vous dire !

Vous commencez à me les gonfler, tous :
Races de morts,
Narvalos,
Fausses couches,
Gens importants,
Grands hommes.

Encore dimanche.
Jouir de reculer le sommeil.
Veiller à l'invasion.

Non. Je veux protéger le Barbare, je crois. Celui qui vise de la même façon, qui le regarde, et qui ferme les yeux.

Trois nuits, dites blanches, incendiées, rouges de folie ou de gloire... Deux jours, brûlés de blancheur, mais je me suis tapi dans l'abandon, glissé dans le gris, pas à pas, sans bruit.
Kilomètres de chambre. Mètres cubes de Marie Jeanne; Caroline blanche comme l'Himalaya. Écritures artificielles; inspirations envolées, rages lyriques.

Être foutu, c'est quand ça sert à rien.

Je tremble encore. Je transpire déjà.
Je constate mon indifférence à ce qui rend gai, le matin; sinon que les autres dorment.

Ce n'est qu'aujourd'hui, qui pense à hier. Hier pensait à demain.
J'en suis là.

Tous les chemins mènent à Rome. Oui, si on veut voir Rome.
Tous les chemins mènent à la sagesse, si ce n'est pas la sagesse que l'on cherche, mais son chemin.

Schisme de dragons.
Le jour se lève, d'une seule chaîne, hors du ventre des caresses; dans la contagion.
Et les eaux du monde noircissent, séparées.

Little boy blue

Il y a, tout au fond, des chevaux à la course,
Des hommes aux lanières,
Des femmes aux manettes,
Comme des contrôleuses.

Il y a un mur transparent,
Qui ferme tout,
Et n'isole de rien.
Et la course est comme un trait,
Une ligne qu'il porte,
Sans en être marqué.

Il y a l'ourlet de la brume,
Sur le front d'un enfant secret,
Qui se regarde,
Figé dans les nœuds de la fuite impossible,
Et qui croit que les murs tremblent comme lui,
A cause des genoux.

Et ces pieds qui n'avancent pas !

S'il n'y avait,
Tout autour, tous ces cris,
On se croirait loin de l'espace.

Les chevaux, eux, ne crient pas.
On dirait qu'ils pleurent.

« C'est peut-être à cause du vent »,
Se dit l'enfant qui ne bouge pas,
« Ou du froid. »

Tant pis

Pour Servain

Vie d'avant,
Vie d'enfant,
Vie d'envie,
La belle vie,
Faudrait pas que c'est fini.
Faudrait pas que je suis grand,
Faudrait que j'ai resté petit.
Mais c'est toujours comme ci.
Et voili !

Moi

Où il y avait la rivière,
Un jour, j'irai dormir longtemps ;
Où était la mer,
J'irai cueillir au sable,
Des bouquets insolents.

Où était le chant du vent,
J'installerai des orages,
Des fruits morts,
Des soleils cuisants,
Au ciel bleu, aux yeux des enfants.

Là je me coucherai comme en vieillissant ;
Je jouerai au sauvage,
Et je lancerai, en sifflant,
Comme une écume à vos visages,
Mon désert fou, mon frisson lent.

Paséo...

On vivait de temps libre ;
Les jeunes filles espagnoles
Avaient encore le sens du péché ;
On avait encore le droit,
A Paris d'être frivole,
D'aimer les oiselles folles,
Prêtes à broncher,
Trahies par le rouge des joues,
Le rose des genoux,
Les faux pas de leurs bas,
Quand elles disaient : « pourquoi faire ? »
Et que nous insistions : « pourquoi s'en empêcher ? »
Et l'amour ne pâlissait pas,
Dans le jeu,
Comme, au soleil, le feu.

Je regarde la nuit continue, comme un néon noir.

Ce qui dure pèse plus, me disent ces accouplements brefs des deux moitiés d'être que je suis.

Je me tue, moi.

Je me tutoie.

Je me traite de tous les noms.

Je me voue, je me tue à ma voie, comme vous et je. « Tu veux te débarrasser, et je ne peux m'aider. Tu as choisi de m'enfuir, et je cours, haletant. »

On pourrait dire que je paie, à part et à mesure, les fautes que je n'ai pas osé commettre : esquives, refus d'engagement, mes feintes.

Je suis le terrain d'un combat où les protagonistes (ô Tancrède ! ô Clorinde !) n'auraient pas le courage de s'aventurer sans amour, mais finissent, tout de même, par se détruire, inséparables des coups qu'ils ne supportent pas de se porter.

Un jour est né ce dont je meurs aujourd'hui, et on connaît tard le chemin parcouru.

On commence serré. On finit plutôt large! Élargi!

On parle, aussi, de la hauteur, ou taille, du bébé, quand il croît; de la longueur, ou dimension, de sa boîte, plus tard, comme mariage et divorce, dans la continuité.

Depuis toujours, j'habite un épouvantail!

Je n'aime pas les « réparateurs » : sommeils, cures, traitements... etc.

Réparer quoi?

Les accessoires que la fatigue triture : voix et son grain; œil du regard, graphismes, titubages, dépressions et appréhensions, effets secondaires de l'amour, polynévrites d'origine poétique, et puis... et puis qu'est-ce qui ne participe pas de la beauté?...

Qui espère échapper à l'érosion?

Celui qui veut échapper à l'érosion commence par ne pas se faire montagne. Et peu de surprises l'attendent, aux détours ignorés de son chemin. On ne voit pas de loin sa paresse, peut-être fertile, mais surtout sinueuse...

Les montagnes fondues, les mers infidèles, laissent leurs restes aux plaines, où l'herbe, jamais, n'est assez verte, pour le piéton qui rode, ahuri, ses illusions.

Pauvre piéton, qui ne se couche, ni ne se fond, qu'une fois sa vitesse acquise.

Mais, piéton moi aussi, je suis sevré du choix.
Je ne pratique plus que la marche à pied, en appartement !
A quoi bon cette question : c'était quand, ma vie ?
On devrait se soucier davantage de savoir quand on en était de la vie des autres. Et de leur avis !

Rien ne m'est arrivé seulement pour moi-même. Mais, c'est vrai, je commence toujours par moi. Et je reste, des fois, béat longtemps, dans l'attitude. C'est-à-dire que je suis tout oui ! C'est un mode de récupération de ma faillite.

Ma permanence est liquide ; je siège dans la transpiration, chaud et humide par paresse, comme un climat.
Il n'y a que des guerriers vaincus pour accuser mes défauts de leurs défaites, et me pousser, brutalement, à combattre, en confondant ma perte et leur rédemption.
Heureusement, j'ai le cœur idiot, brillant, perdant tout sans effort. Dire « nous sommes d'accord » à l'orage, comme se suicide un Bonaparte, est ma méchanceté suprême, et non ultime ; c'est seulement le premier cri de la vengeance, du déchaînement de ma passivité. Danger sans fatigue.
Laisser tout en charge au destin, ou ne compter que sur la providence, c'est accepter, un jour ou l'autre, l'ironie du sort.

Sans doute ai-je toujours su qu'il n'y a pas de tourmente où la paix ne vous accueille, si l'on va à sa paix.

Saddest tale

Le petit de l'homme naît
Avec le besoin de casser,
Avec l'envie de casser,
L'ambition de casser ;
Le petit de l'homme naît
Avec la passion de casser ;
Le petit de l'homme naît
Pour casser.

Le petit de l'homme naît
Avec la crainte de tuer,
Avec la terreur de tuer,
L'impossibilité de tuer ;
Le petit de l'homme naît
Avec l'interdiction de tuer ;
Le petit de l'homme naît
Pour tuer.

Le petit de l'homme naît
Avec le besoin de mentir,
Avec le plaisir de mentir,
La nécessité de mentir ;
Le petit de l'homme naît
Pour jouir de mentir ;
Le petit de l'homme naît
Pour dire : « je t'aime ».

Rage

Au lieu d'écrire, je déchire la page avec la plume, je casse la plume, ça pisse l'encre, je buve, je récidive, je répare, j'éponge, je récure, je manipule.
Je suis un manuel refoulé.

Même un cul, oui ! Parfaitement ! Un cul, je tripoterais, avec des tournemains qui feraient passer le mal, qui atteint la rage, et ça bave... !
Mais un cul facilement assimilable, un cul sans mémoire, digeste, qui accélère le transit, qui nique les symptômes, net, impitoyable, dans le genre : « on veut plus rien, mais tout de suite ! » Un cul « Apocalypse now », mais vraiment « now », pas dans deux heures !

Qui dira la lenteur d'un cul, quand on en a besoin !

N'importe quoi ! Une grosse pouffe boche, s'il n'y a que ça !

Dans la rage, on se croit capable. Mais, pour de vrai, on rêve que de culs interdits, sacrés comme des tabernacles, ou de culs inaccessibles. On s'éprend, forcément, de culs himalayens, anapurnesques, des culs de Machu-Picchu, des culs d'Inquisition, à s'en brûler, érigé jusqu'au bout des doigts.

On ne pense qu'à leur cul, mais leur cul ne pense qu'à elles !

Innocent

Moi, je dois dire les choses,
Pour me les voir faire,
Et ne pas les faire,
Pour me les entendre dire.

Je me jugerai, donc,
Le plus tard possible.

Au commencement était le Verbe...

Une bouche se tord
Pour des tas de raisons,
Dont celle d'avoir tort ;
Et aussi par passion
De passer sur les lèvres
Sa langue, sa fièvre,
Sa danse dedans, son cours de l'or,
Que le coût de l'haleine,
Qui accourt au nez,
Empêche, couronné,
Par là de parler,
De vendre, l'air bête,
Sa senteur,
D'ailleurs trop verte pour payer,
D'un amour amer,
Ce dont elle est la mère :
Le Verbe s'est fait cher.

Énergie

Dans l'apparent dépit du bon sens inutile,
Là, la haine se cache, et là dort le bourreau.

Dans le partage inouï des choses insensées,
Là se fait le faux frère, et s'ennuie l'ennemi.

Dans la permission que donnent les dieux morts,
Là trône le tueur, là règne l'araignée.

Dans la pudeur exquise où les vierges se noient,
Là mûrit la grenade et dure le désir.

Pauvres générations humaines... !

Eschyle. *Les Perses*

Pauvres générations humaines !
Clame le Poète ;
Maudit Poète !
S'exclame, en s'esclaffant,
Parmi d'autres repus puants,
Le convive qui mange et qui ment.

Et il tape ses flancs,
Évitant le milieu du cœur,
Pour ne pas sombrer dans la source,
Contrarier le cours du sang.

Et il montre ses bourses,
Ou plutôt se hâte,
A cause du temps,
D'y loger les Muses de l'illusion.

Il sourit pour bayer.
« Pourquoi se défier,
Jeune espérance,
De l'odeur rance ? »

Gobeurs d'œufs

J'ai perdu le bonheur à va-vite,
Tout neuf et tout frais;
J'ai fait mon œuf un peu trop près
D'un nœud de serpents responsables,
Déjà à table,
Indérationnables,
Qui dévoraient sans dents,
Se croyaient vous et moi;
Gras de bec et d'effroi,
Blancs du foie, noirs du monde
Où ils se cachent,
Tâchant, comme on se fâche,
De taper du poing aux coquilles...
Veilleurs éparpillés
Dans des bouts de famille,
Qu'ils ont récupérés
Au hasard de leurs billes,
Au soir de leur survie,
Aussi heureux qu'inertes,

Aussi méchants,
Aussi bêtes,
Que l'ennui qui les a fait naître.

Vilain !

Voilà que chuis qu'un quagénaire,
Cents ortografer gramaire,
J'ai des conréligionaires,
Z'ont versé au culinaire,
Au troc, au trafic, aux manières,
Aux euillets, aux boutonnières,
Qui deviennent démis lionaires,
Au couteau, à la cuillère,
Fonssionaires réassionaires,
Pros, fesseurs démissionaires,
Socialos concussionaires,
Hou ! Antirévolussionaires !
Hou ! Président paratonère,
Le cul sur les nères,
Au cor expétissionnère,
Il aime pas les infirmières,
Il peut plus, autogénère,
Mettre la main à leur derrière,

Elles l'enverraient lanlaire,
Pas la faute à Voltère,
Pèrefusé à losto,
Pas la faute à Rousso.
Cépabo !

Interstellarium

I

Qu'on me dédie
Aux porteuses
Au rose
Fuselage
Des cuisses de demain
Au calme maintien des étoiles visibles
Au stable fusible des raisons galactiques
A l'infini rêveur de l'ère éternisée
Au soleil didactique
A la microscopique
Rhétorique des fusées

II

Je sais les cieux chantés de voix anciennes,
Prises dans les antennes,
Les météores parallèles
Aux échos d'Archimède,
Aux cris d'Euclide,
Le peu de vent encore vivant,
Dans chaque point pris hors d'un monde,
Ou d'une droite ondulatoire,
Au physique de star...
Et que nul n'entre ici, s'il n'est pas poète !

O changeant géomètre !
Il te faudra tourner,
En rond, encore longtemps,
Avant de concevoir ces voix proportionnelles,
Inverses, attirées,
Par le piège à leurs pieds.

III

Le centre des étoiles est plein d'incertitude ;
On sait mal comment s'y tenir, un beau jour,
Quand on atteint le cœur,

Quand, les lèvres ouvertes,
On se penche pour boire à la source encore nue.
Il n'y a rien d'exact au fond de l'inconnu.

Candide

J'en suis à tant
Et tant d'adolescences,
Tant d'instants d'indécence,
Que le temps a perdu le droit de me cacher.

La nuit me fuit,
Le jour me chasse;
Je me tasse;
Je ne vaux pas mieux que ma vie.

Je voudrais retourner à l'âge de ma force,
La croisée de mes bras,
La fierté qu'ils avaient de s'ouvrir
A la faim, à l'envie,
A ma vie,
Cette putain à qui je dois des fleurs,
Qui ne tient plus qu'au bonheur;
Ma vie, ma roulure,
A qui il en faut peu,
Pourvu que ce soit pur.

Cène

Vous ne serez jamais
Les sages de mon âge,
Docteurs à mon cœur...

Traîtres à ma table,
Judas de mon jeu,
Vous ne serez jamais
Le sang de mes racines,
La cime de mon geste,
La crête de mes crimes.

Vous ne serez jamais
Le cri de mon malheur,
Et l'heure de ma ruine,
Vous ne la connaîtrez
Qu'après être tombés,
Vous-mêmes, au fond de vous,

Sans avoir regardé

Mort, ni Soleil en face.
Il n'y a pas de place
En vous pour mon amour.

On dira que j'aurais perdu vos traces.

Non

Je ne suis pas le même homme que vous;
Nul ne tient à paraître,
Avant mon jugement.
La paix est mon combat,
Le sommeil ma guerre;
La fatigue et la faim
Mes drogues alliées.
Me taire est ma violence.
Les mensonges de ma fierté,
Subissez-les comme franchise.

Et je ne fréquente,
Hanté d'amis que je suis,
Que mes caressants ennemis,
En n'aimant qu'une femme,
Pour ne pas être le même homme que vous.

D'ailleurs, nul ne pleure sur vous :
Vous savez, chèvres, que le loup
Combat aussi jusqu'au matin.
Au moins, il a faim.

Soleil

Soleil, je te vois pour
la première fois.

Sophocle

Regardez tous !
Hommes de partout ;
De toujours depuis Thèbes !
Regardez, hommes du Temple et du Temps,
Le grand Œdipe... !

L'amour n'est jamais
Ce qui convient d'être constant,
Convenable, important.
Il est enfoui, caché,
Dans la chair vierge des forêts infinies,
Où toujours il s'égare,
Avant de s'y dissoudre.

L'inconscient qu'on écoute,
Comme l'idiot qu'on flatte,
En vient aux faux conseils,
Aux missions dévoyées,
A la réduction des sources.

La source n'est pas l'eau ;
Elle n'a pas de cours,
Et il n'y a pas de course
Sans elle.

L'inconnu vous manque.
Pourtant, vous l'avez fait petit,
Rétif aux frontières
De l'amour et du serment.
Il ment sans cesse,
Il paresse,
Le serpent dérobé, mais insaisissable,
Comme un diable, à votre inquisition.

Ce qu'il veut qu'on sache,
Il en est ignorant.

Sans moi

Mon chant profond,
Ma tombe heureuse,
N'oublieront pas mon frémissement,
Qui buvait son souffle aux racines,
A l'extrémité de la longue douleur,
De renvoyer son seul témoin.

Qui ose aimer, qui ose dire... ?
Qui dira quoi de qui ?
Sans moi !
Sans mon oubli invraisemblable !
Ma faute fraternelle, et si drôle,
Qu'on finit par croire à la fin !

On écrit : fin, parce qu'elle n'existe pas ;
Comme on dit : mort, en insulte à la vie,
Quand on n'en est pas digne.

Voici une nuit qui est bien relative !

J'écris pour m'assurer que ne pas dormir est utile.

J'écris au début de la nuit, pour me donner le droit, ensuite, d'être idiot, en prenant la précaution de ne pas risquer de l'être tout à fait.

Caroline prend ma main, et, peut-être, la guide, quoi qu'en pensent les médecins. Ils ont raison sur tout ce qui n'existe pas. Ils se servent de flatteries. C'est pour nous aider à faire notre bien, certes ! qu'ils vivent de notre mal !

Moi, je ne crois pas que j'écrirais, seul, sans Elle. Pourtant, Elle n'est ni Reine, ni même vraiment blanche, quand Elle est pure. Et Elle est pure, comme une vraie salope. Elle fait bander ma tête, au prix de mon sang.

Écrire, face à soi-même, sans se regarder.

Cela me stimule. Miracle des formules !

Tu voyais le déguisement chez les autres, comme s'ils l'affichaient, pendant que ton habit était une cachette !

Où vois-tu le plus clair ? Au loin, en face, ou au-dedans, si près qu'il ne sert plus à rien de se retourner ? Et, encore : si toutes tes cellules, les fluides de ton esprit, les esprits animaux de tes sens, esbaudis ensemble, avaient assez de vigilance, et beaucoup d'autres qualités de présence et d'attention, crois-tu que tu serais comme une tour de contrôle, suffisamment voyante, pour, dans le ciel commun, démêler la lumière de l'ombre qu'elle fait porter ? Et aurais-tu, ensuite, pour aimer, une grâce suffisante, quand tu en es à te demander si elle est, seulement, nécessaire ?

La servante au grand cœur...

Tu te souviens, tu étais celle
Qui essuyait ses talons plats,
Quand elle entrait dans la ruelle,
Et qui me reposait, tout bas,
Dans les lits de fatigue,
Sans angoisse, ni lendemain,
Seulement coupable de vivre,
Tenant, du cœur et des mains,
La douce dentelle du temps,
Les valises du vent...
Tu faisais les carreaux,
Accrochée aux fenêtres,
Agitant des torchons, des chiffons, des mouchoirs,
Pour effacer tes larmes sur le verre.

C'est un jour plein de couleurs qui s'annonce. Arbres verts d'avril, cahier bleu d'azur, et, si j'en crois l'encrier, pensée violette !

C'est écrit dessus. Il y a une étiquette, comme du temps où les Instituteurs, joints aux Sous-Officiers, nous empêchaient de trop perdre les guerres. L'encrier lui-même est du style École laborieuse, nécessairement, péniblement obligatoire et jules-ferrysque, au latin pleureur, à la Géographie xénophobe « de gauche », à l'Histoire socialistement chauvine, à la Philosophie éphémère, plongée, ahurie, dans l'Épistémologie, sans avoir abandonné ni connu la Rhétorique.

Mais il y a des petites choses si bonnes !

« Encre Violette Pensée »... Oh !... Mademoiselle, s'il vous plaît, auriez-vous pour moi, parfois, quelque pensée violette, quelque tension bleutée qui trouble votre cœur... ?

Oh ! Là ! là ! Si les portes s'ouvraient à de si petits mots !

J'ai un autre encrier, là, sur la table. Il contient de l'encre « Noire Administrative ».

Une encre qui parle à tout le monde. Tous les jours.

La vie s'administre en noir, comme une veuve d'avance.

Combien de millions de pieuvres, éventrées sur nos actes !

Le lit de la drogue

La naissance de mon nez,
L'enfance de mes yeux,
L'aube de mes oreilles,
Sont pleines de bouteilles
Où l'on cachait le feu;
D'odeurs de drogueries
Où l'ivresse entrevue dansait dans les flacons...
Les couleurs des marchands,
Les ardoises, les craies,
Les papiers d'Arménie,
Ou de tournesol bleu,
Les becs, les gaz,
Le liège des bouchons,
Le désir et la peur d'infimes explosions,
Tout ce qui, sans explication,
Tachait mon cartable,
Laissant des traces sans leçon;
Ce qui était formule, et n'avait pas de nom,

Roule et coule toujours au fond de ma mémoire,
Comme une drogue sans histoire,
Un fleuve sans alluvions,
Une éternité ivre,
Une page sans livre,
Un océan sans horizon.

Salines

I

Pour Claude Roy

Le lendemain du jour où la construction du Monde
[prit fin,
Les dieux se posèrent sur le sable,
Et tinrent conseil.

Les hommes étaient déserts.
Le mot « rauque », par exemple, n'existait pas ;
Ni aucun des mots de rancœur,
Ni rien des râpes, des raclages,
Rien des rançons
De celle qui fut la Première :
La Folle, La Parole,
Qui était feu avant la pierre,

Dessinait sa transe à l'éclair,
Déjà faite Prophète
Des dieux encore durs.

II

Je suis l'architecte,
L'artificier.
Je suis né du repos de l'aigle,
Et de l'abandon des marées.

Je suis le patient,
Je fige la guerre fleurie.

Je suis le soucieux,
Je veille accroupi
Sur l'ombre qui rêve,
A la fin du feu.

Je suis l'amant,
J'érige l'inventaire.

Je suis l'architecte,
L'artificier.
Mon jeu,
C'est le don de la pierre au vent.

III

Un instant, l'enfant brisa la neige,
Et vida le soleil.
Puis il s'aventura à manger la lumière,
Et dégonfla le vent,
D'une seule surprise,
Comme on couche la brise
D'un ruisseau de cheveux;
Comme on fait, à deux,
Un seul geste de tête;
Sans fièvre, mais absent,
Il ne triturait pas de songes dans ses poches,

Involontaire, comme une peur d'enfant,
Il collait la terre à sa moiteur.
Jamais, il ne pleurerait grand!

Non, ses bras regardaient,
Comme des balançoires,
L'alchimie, la mer des merveilles,
Où l'infini passait, en croisant ses oreilles.

Parménide

Le mot aime être
Le mot est maître des antennes d'idées,
Des milliers, par ses ondes.
Il lance à l'esprit des pensées,
Sans s'économiser,
Sans grogner sur le temps prêté.
Il énonce,
Et, prêtre, il ordonne,
En général, les faits particuliers,
En supérieur,
L'infinité d'effets infimes
De notre intime infirmité.

Je reste

Encombré d'élucubrations
Élucidé comme au sol
Par le son et le chant
Seul frémissant dirait-on
Seule effusion
Dans le désert des terres
Exhumé par l'odeur de déroute
Au flanc des saintetés
Je suis signé de lettres
Marqué de meurtres
Assis assassin
Rassis rassasié
Je reste
Je veux être poète
Maintenu
Dans la main du monde
Ajouté
Au jeu désastreux

Aux joutes des astres
Esthète
Tenant tout
De ma secrète gloire
La victoire des fêtes

Protagoniste

On ne connaît vraiment son âme qu'à son masque
Et la forme toujours finit par faire fond

Moi j'aimerais l'acteur
Qui pourrait être une couleur
Pour Vincent Van Gogh
Rehaussable à merci
Inanimé à volonté
Revendiquant tous les rôles
Les passants éternels
Les néons les météores
Tous les éclats toutes les folies

En secret cependant
Allié à la Géométrie

Vendredi.

Et alors ?

Combien de temps ça m'a pris, pour calculer quel jour on est ?

Ce que ça peut me foutre ! Si je me relis dans longtemps, est-ce que ça sera vraiment une indication précieuse, de savoir que c'est le vendredi 24 avril 1992 que j'ai écrit : « je m'emmerde ».

Dans les milieux cinématographiques, le vendredi, dès sept heures du soir, jusqu'au lendemain, même heure, on sait, au moins, qu'on ne sera pas dérangé par le téléphone. Après, à cause du christianisme, c'est pareil, le dimanche étant, par tradition, plus gourmand que bavard. Le lundi, c'est la conséquence : les Productions sont tellement épuisées par leur ouiquenne que tout le monde se tient coi, discret, et pâteux. Mis à part les débutants, la majorité de la profession réussit assez bien à échapper au mardi, qui est, et sera, pour tout le monde, et pour longtemps, un jour de relâche.

Et il y a autre chose : les réformes scolaires ayant épargné aux enfants des écoles, et au corps enseignant, successivement l'angoisse du jeudi, puis celle du mercredi, le Français adulte n'est réellement en danger que deux ou trois demi-journées par semaine. Pendant les vacances, c'est plus coule !

Le soir, je sais ce qu'il faut faire, pour s'en sortir, tout de même, digne, avec un peu de gaîté.

Il faut s'asseoir, à un coin du lit, en commençant par être pensif, comme si on faisait exprès, puis, tout doucement, se faire détendu comme il faut, les avant-bras reposant, tranquilles, sur les genoux, eux-mêmes « relax », non loin du flacon « qu'importe », qui contient le « pourvu que » voisin, donc de l'ivresse, avec, à la bouche, un refrain nouveau, dans les yeux, un reflet changeant ; une Celtique, abandonnée, comme un feu de vendanges, dans l'automne des mains, et, sur l'impeccable marbre de la table noire, comme un vol de condor, la ligne des sommets enneigés de la cordillère où veille l'Inca.

Étant bien précisé que l'herbe, ou la résine du tarpé (ou pétard), doivent être fumées *au préalable !*

Et là, comme dit la chanson : pisser, si nécessaire, mais pas pleurer !

C'est difficile, ça ?

Je tourne le dos au cachot;
Ma honte a du culot.
Sinon, je fais semblant :
Ma peur a du talent.

Je me fais marron, comme ça, tout seul ! A la fin de la nuit, je me verrai beau, dans mes dix mètres carrés — je sais pas combien ça fait de mètres cubes — de papier obsèdant, vierge, vieillot, caduc, écrit, raturé, froissé, déçu, triste.

Et puis, après beau, je me retapisserai minable. Je suis comme tout un chacun : c'est vilain, seul, ou saoul.

Sauf que c'est jamais moi le plus seul, quand je suis tout seul.

C'est jamais moi le plus saoul, non plus, quand ils me croient occupé à boire, et veulent que je noie leurs malheurs, acharnés qu'ils sont à l'idée qu'il faudrait que je tombe, que je sois leur connivence ou leur gloire, leur raison, leur victoire.

Mais non ! Je vis, de préférence, à mes torts, dans le miracle, fidèle à mes providentielles erreurs.

Le jour se lève

Voici X. et Y.
Comme des restes, en fin de nuit...
Plus disparus, confondus,
Plus secs, plus froids, plus gris,
Pendus, nus,
Tant blottis d'escrocs,
Creux, flottant des dents,
Leur tête tombant
Loin, là-bas, derrière,
Cul et queue au feu,
Aux crans du cratère,
Craquant de peu,
Crottés d'affaires...
Au mystère, d'abord.
Et puis morts !

Jeux d'yeux

Il n'est Saint
Qui ne confesse
Un trait de son cul,
A quelqu'une gonzesse,
Aux fesses de magazine,
Aucun sagoin,
Qui ne magouille au magasin.

Qui n'est faux cul dans son fauteuil,
Fat dans son fatras,
Pleutre des yeux,
Grognon du groin,
Couard du cou,
Cuistre des jambes,
Peureux des pieds,
Lâche de l'âme,
Mais bien jouant des joues,
Bichant d'ambition,

Frimeur du front,
Froncé de ronces,
A la source des cils,
Clignant
Comme peau sur pierre.

Born to be alive

Changer de couleur se fait couramment,
Par exemple, sous l'effet
Terrible d'une émotion,
Ou devant l'imminence
D'un désastre fatal,
Comme avant de mourir.

A plus forte raison,
Avant de vivre.

Pensez au nouveau-né !
Comme il devient violet !
On tire à ses oreilles,
A son ventre, à ses joues !
Coupé, giflé, trempé,
Baigné, presque noyé
Dans la première, immonde, sensation :

L'eau tiède de la vie,
Qui déjà parle de confort !

Déjà s'y préparer,
Lorsqu'à peine on en sort... !

Arma virumque cano

à Philippe Steczec
Brigadier-Chef
Bataillon du Matériel
Arabie Saoudite
mars 1991

Ce soir,
Je ne peux plus écrire au singulier,
Comme en me distinguant
De ceux qui font le siège,
Avec moi, sous mes armes,
Comme en étant sans eux,
Sans leur poids, leur silence,
Leur ombre entre mes yeux.

Le sable est si blanc,
Qu'on voit l'Histoire transparente,
Dans le vacarme vide,
Sous l'invisible peau des tambours silencieux,
Le mutisme des armes,
Avant le feu artificiel,
La brûlure sacrée,
Qui fera fleurir, jusqu'aux portes du ciel,
Haletante,
La guerre embaumée,
L'odeur rouge.

Et ce Golfe qui coule hors des cuisses du sable,
Est beau comme une femme,
Et vautré,
Comme celles d'ici...
... C'est ce qu'on se raconte,
En rêvant de hanches,
Emmenés en manœuvres,
Sur le ventre épuisé d'une vieille adultère.

Je m'enfonce de soif.
Je m'entraîne à traîner,
A travers la menace.
Le nord n'a pas changé de place,
Tout perdu qu'il est;
Il comprend ce que c'est
Que fondre en larmes, desséché.
Mais l'on me fera jouir,

Cousu pour la fin uniforme,
Et je serai dans le désert
Comme le père de la guerre,
Voué, vertigineux,
Nu et bleu comme un Saint.

Je suis seul, et l'on veille.

Toutes les nations,
Les plus grandes nations criminelles de guerre,
Sont rassemblées autour
Du dernier-né de la famille,
Qui fait des débuts prometteurs.

Je suis seul, et l'on veille.
J'observe insensiblement
La folie chez les Grands.

Dict du Vieux Guerrier

And we did speak only to brake
The silence of the sea.

Samuel T. Coleridge

Je vais avec le vent chasseur d'arbres,
Dans la permanence du sable,
Je sèche les suées de l'herbe des jardins,
Où, parmi les grands fleuves,
De Roi en Roi, de Poète en Poète,
Les fleurs de Mésopotamie,
Escaladaient les terrasses.

Aucune cause n'est la mienne;
Mes armes ne sont pas à moi.
Elles appartiennent
Au Bataillon du Matériel,
Du meilleur Régiment de l'Élite.

Vocabulaire

Je ne vois pas les lettres,
Et j'écris sans lunettes,
Pourtant, pour savoir être
Ce qu'on sait maintenant du monde,
Sans le voir ;
Ce qu'on peut savoir,
Sans reconnaître
La vie à sa fenêtre,
Même sans pouvoir dire,
Au moins, si c'était pire aujourd'hui que demain...

Ce que font les mains,
Sans se souvenir,
C'est ce qui va venir,
Sans le temps,
Plus important que ce qui vient,
Et le mot que je tiens,
N'est déjà plus le mien

Et je l'efface,
Je souris à l'oubli.

Ou alors, comme c'est leur droit,
Ce sont mes doigts
Qui ont froid,
Et qui ne savent pas.

Dicunt Homerum

Ô, bras de Morflé,
Délices de kaputt,
Fourche de Claudine,
Désastres,
Piles à rebours,
Eau des waters,
Air cul, R.Q.
Queneau ! Queneau !
C'est en chiant au pot
Qu'on devient poète chiant.
Qui a mis dans son nez nu mes rations
De poudre à groin ?
J'en entends tant,
Lents, dire à l'Irlande,
Qu'O'Caïn fait des trous dans le nez !
On dit aussi qu'Homère
Était bavarde,
Et qu'Hannibal

Mangeait ses camarades !

On dit : faire,
On ne bouge pas.
On dit : verge,
On ne bande pas.
On dit : style,
On ne secrète pas.
On dit : femme,
On dit amant,
On dit : simule,
Avant d'être discret et ras,
Faut qu'on a, deçà,
De l'aversion pour le thème.

Les patates viriles,
N'ont pas l'hépatite virale.

Maintenant, c'est moi qui suis comme un haut-fourneau, c'est moi qu'il faut charger en permanence!

Le temps que ça met à reprendre!

Pas s'arrêter!

Oui, je m'obstine. Et je me regarde faire; même pas incrédule.

Mon rire intérieur est-il sardonique, bien que muet, et déjà figé, je suppose; impuissant, inutile...

Ce que mon père ne comprenait pas, c'est ce qu'il appelait mon obstination.

J'imagine, aujourd'hui, ce qu'il devait penser...

Pourquoi ne pas faire mieux, quand on peut mieux

faire ? Être systématiquement dernier en algèbre, (« science des ânes ! ») ne peut procéder que d'une volonté malade, d'une détermination quasi obsessionnelle, etc. qui ne devrait se rencontrer que dans un esprit lui-même malade, et, si l'on peut dire, aussi entêté à se nuire...

Qu'est-ce que ça veut dire : faire exprès ?

Manie d'ordre

Où serez-vous demain
Quand j'irai sur vos conseils
Allongé par vos soins
Lointain flou déformé
Guéri de ma peau dure
Mangé mis de côté par l'amour ancillaire
La manie d'ordre de la mort
Pour qui ceux qui tombent sont beaux
Qui met propres les tombeaux
Quand elle a rangé le sommeil
Et fait de ses mains froides
Le lit stérile de l'impatience
Où nul ne couche qu'éclairé
Électrocuté
Éclaboussé dans la lumière
Par le don de brûler ?

Achille immobile

Ce serait grand dommage
De s'arrêter là
Où l'on peut revenir ;
Dangereux,
De revenir
Où il fallait s'arrêter.

Je vais d'où je viens,
J'arrive loin,
Je suis venu à s'en aller.

Si l'on me demandait pourquoi,
J'ai été,
J'étais,
Je suis cet homme-là,
Je dirais,
Comme aurait dit Socrate :
Il fallait bien que quelqu'un soit moi !

Quelqu'un d'autre, surtout !
Qui pense à autre chose,
Qui juge plutôt, qu'il est temps
De demander « *comment* »
Je suis cette chose-là :
Achille immobile à grands pas ?

Moi, je ne sais pas.
J'ai toujours été
Où je suis allé.

Et j'y est resté !

A bout de sens

Je vais avec le vacarme.
Je chasse avec les hurlements,
Voire, j'incite
A tous les rites du meurtre,
J'émeus les meutes,
Je me soustrais, aussi,
Je file et j'étire,
Je m'expire et je fuis,
Corps et âme,
Comme une bête brame,
Le soir au son du cor,
Puni, au coin,
Cogné sur du silence...

Et je broie des graines amères,
Je mâche des gélatines hostiles.
Je paie le péage, et je ferme la bouche,
Endormi sur les drogues

Qui me collent ainsi qu'une circonférence,
Dans l'incompréhensible espace
D'une surface sans revers,
Insaisissable par le temps,
Comme un voyage, ni aller, ni retour...

Le bon sens n'a pas pour moi de direction.

Obscur ennemi

Qu'est-ce que c'est,
Qui m'atterre et fait de moi
Ce mollusque angoissé,
Qui se croit, tout le temps, à deux doigts de passer
L'arme blanche du côté noir,
Voit le jour quand ce n'est plus le soir,
S'avance mal caché,
Change la nuit d'étoiles,
Navigue sans voile,
Et va droit au naufrage,
Puisqu'il peut l'éviter... ?

Qu'est-ce que c'est,
Cette innommable loi,
Qui m'épargne, et me gagne,
Pour mieux ronger mon cœur, qui ne demandait rien,
Qui se serait éteint,
A la première larme,

Et qui dormait, serein,
Au milieu des alarmes.

Ôtez la gloire de mes armes;
Je n'y ai nul profit.
Je sais que je dois mourir,
Tremblant de désir.

Inséparable

J'écris comme je vis :
Sans votre accord.
De tout mon corps,
De la peau de mes dents
Je m'acharne à l'usure,
Et cogne dans ma nuit,
Contre la vôtre.
Que nous soyons autres.
Jamais ailleurs.

Le fils prodigue

Je reviens des mauvaises fortunes.
On ne m'a pas puni :
On a battu de la fausse monnaie,
Sur la peau de mes lèvres,
Que je voulais fermées.
On a plissé mes yeux,
Avec les joues fausses
Des fausses joies.

Qu'on les crève, aujourd'hui !

Qu'on les crève, et qu'on voie,
Enfin, un peu plus clair
Dans le gris des grimaces.

J'ai imité des songes :
Ils ne m'ont pas trompé.
Je voulais expier

Le crime des fables,
Faire d'un masque mon visage,
Me mettre à l'imaginaire.

Mais ce fut, seulement,
Comme soudain pousser la porte,
Entre une dormeuse et moi.

Je ne peux me faire une idée,
Sans qu'elle pète dans ma tête.
Je ne fais plus un pas,
S'il n'est le premier.

Et je vais sur mes chevilles,
Le Temps à mes talons.
Mes genoux arrondissent
Le Monde à mes pieds.
Je jouis moi-même de mes cuisses,
Enfoui, content,
Tellement bête,
Pavide, mais patient,
Parmi le tourbillon.

Longue marche

Pour Franckie K. de la Loue

Ceux et celles que j'aime,
Souvent sont si loin... !
Il vaut mieux les aimer bien,
Leur parler davantage,
Et rire du secret !

Et, au plus près de ma peau,
Ne peut survivre que la chair précise
De celle-là ! Celle de cette seule femme-là... !
(Si vous croyez que je vais dire...
Vous le savez !)

Mais, peut-être, un jour,
Un frère qui serait mon fils,
Sera là, doux,

Comme du silence,
Et glissera, dans un sourire :
« Nous nous sommes aimés... »
Et notre voix fera chanter
La Voix lointaine, éparpillée
Des compagnons de course.

Blason

A courre, sans cheval, jamais ne vais au cerf ;
Ni bouche ouverte à l'hameçon ;
Sans image, jamais, je ne me fais voir,
Ni, sans visage, ne me fais croire.

Cinquante-deux ans après ma naissance, je me frotte encore les yeux d'étonnement... !

Pourquoi continuer ?

Tous les nerfs mènent à l'esprit.

Qui se perd en route ?

Je me parle, comme à un sourd. Il y a des questions inacceptables, n'est-ce pas ? Insupportables à tous ; fatales, à qui s'y risque !

Quand on se réveille de s'être mal endormi. Par secousses, par saccades, comme un vieux tube à néon. Quand on se rallume, et qu'on voit ses cheveux transparents, piqués dans les plis humides de la tête, comme un combat d'araignées, on secoue, on s'époussette, tout de suite avec rage.

Il faudrait pouvoir cracher cette tignasse anachronique.

Les bâillements grincent. Les jointures ont séché. Les cartilages sont devenus, entre les membres, comme de vieux traités d'alliance, désuets, dérisoires. N'importe quelle invasion serait possible. Tout frotte, gratte, démange, et traîne, pendant un temps de plus en plus long, avant le premier sentiment de plaisir.

Comme il tarde à venir !

Et même, est-on certain de pouvoir toujours le reconnaître, le discerner, le distinguer, ce messie quotidien, ce pain de la survie... ? Car l'âme, à force, vous entraîne, et, sans le projet de se voir heureux, que faire de toutes ces cellules, devenues luxueuses ?

Un jour, il faut trop de Foi, pour y croire.

La sclérose du cristallin exige un bonheur trop gros, pour être vu en rêve, et trop lourd, à cause de l'asthénie des biceps, triceps, et autres traîtres associés.

Comme devant un mur : la joie : comment s'y risquer ? On ne saurait pas calculer le moment où l'on supporterait de la rencontrer, la prendre, et la porter le temps que se taisent les chiens acharnés, que cesse l'interrogatoire.

Comment se lever ?

Comment bouger, au point de faire du café ? Pourquoi mauvais ?

Qu'est-ce qui continue de faire croire qu'on avance en résistant ?

Qu'est-ce qui empêche d'avoir le courage de tout mentir ? Et répondre au scandale par une malhonnêteté totale ?

Ô, psychiatres circonflexes ! Gendarmes du chapeau ! Une main aux doigts serrés s'est posée sur ma nuque, et tranquillement m'étreint...

Nu dans mon lit, drapé, malade, horizontal, je me

regarde dessus. Je vois que, lentement, le cadavre se dessine. Je pense à mon nez rouge, et à mes grandes chaussures.

Tout de la vie doit être beau. Non pas comme une victoire, mais comme un triomphe éphémère.

On a couru invulnérable, dans un frisson tranquille, légèrement tendu vers soi, à peine cambré, mais c'est par précaution qu'on arrive où on allait... Et, un soir où l'on oublie qu'on a pensé à tout, arrive tout ce qu'on a laissé se faire ignorer. Et on se connaît lâche, au point d'avoir besoin d'être surpris par l'étourdissement.

On a voulu aimer ce qui était contraire. On a tenté d'agripper des fantômes inconnus. On s'est fait, à douleur, le frère de faux hommes. On a cru sauver des spécialistes de l'au secours, des amateurs de l'au-delà ! Et tout n'était permis, possible, que par force. On n'était imperméable que par le cuir, son épaisseur.

Ce n'est pas que l'usure ait gagné sur tout. Ni que les coups se soient faits plus forts, les déchirures plus aiguës, ni la malignité générale plus oppressante, non... Ce sont, à peine, quelques dépôts de l'âme, abandonnés des courants incertains, déposés par les paresses permises, entassés sous l'ennui, prévoyants témoins de la fin.

Ils sont là. Ils traînent, comme on a traîné, sans penser qu'on laissait le vide accumuler les traces.

Et tout ce qu'on n'a pas vécu remonte, et tue.

Je remercie Michel Desgranges.

TABLE DES MATIÈRES

Ce volume,
publié aux Éditions Les Belles Lettres,
a été reproduit
et achevé d'imprimer sur Roto-Page
en octobre 1992
par l'Imprimerie Floch
à Mayenne.

N° d'édition : 2975. N° d'impression : 33130.
Dépôt légal : octobre 1992.